Hanna Jones und "Jack"

Ich, Jack, sowas von UNVERBESSERLICH!

Mein Leben mit Legasthenie und

was die Welt darüber wissen sollte.

Impressum

ISBN 978-3-384-38532-1

1. Auflage 2024

Aufs Papier gebracht von Hanna Jones. Das gesamte Buch basiert auf den Erzählungen und Beschreibungen von "Jack".

Herausgegeben von: JOBS FOR MOMS®, Hellenstraße 61a, 56179 Vallendar

Druck und Bindung: tredition

Der Erlös dieses Buches geht an

Warum?

Weil wir's nur gemeinsam schaffen!

Mehr erfahren? jobsformoms.de

Für dich

Hi du,

Wollen wir wetten, dass du dir dieses Buch nicht selbst ausgesucht hast? Haben deine Eltern es dir geschenkt? Und jetzt denkst du dir vielleicht: *Na prima! Ein Buch! Ist ja genau mein Ding … Ich verstehe dich voll!*

Wenn du dich nicht überwinden kannst, es selber zu lesen, hier 3 Ideen:

1. Du lässt es dir einfach vorlesen. Am besten von der Person, die es dir geschenkt hat.
2. Du blätterst erstmal durch und schaust nach Überschriften, die dich ansprechen. Da liest du dann rein.
3. Du verschenkst es an jemanden, der oder die es lesen sollte :-).

Und falls du dich zum Lesen entschieden hast:

Los geht's!

Ich bin Jack

Hi.

Ich bin Jack. Ich bin 12. Und ich bin Legastheniker.

Stopp! Ich bin LEGASTHENIKER ???

Das ist es, was ich bin? Das ist das, was mich ausmacht? Da sag ich mal: Nö!

Mittlerweile sage ich Nö! Denn bis hierhin war es ein - für ein Kinderleben - echt langer und anstrengender Weg. Und ich sag dir eins: Ich hasse NICHTS mehr als Anstrengung.

Aber keine Panik! Auf den folgenden Seiten erwartet dich kein Rumgeheule und kein Im-Selbstmitleid-Suhlen.

Naja, zumindest nicht ständig. Ich werde dir von meinen Erfahrungen berichten, von denen dir viele bestimmt bekannt vorkommen. Und ich werde ein paar

Geschichten aus meinem Leben mit Legasthenie mit dir teilen. Und – und das ist mein größtes Ziel - ich werde dir Mut machen. Mut, zu dir selbst zu stehen, deine Stärken zu (er)kennen und dein Leben darauf aufzubauen. Du bist nämlich kein Legastheniker! Du bist du! Mit all dem, was dich ausmacht! Also, fangen wir einfach mal an....

Die Fakten oder besser gesagt: Die F*CKten

Mindestens 10 % aller Menschen weltweit haben's nicht so drauf mit der Rechtschreibung und dem Lesen. Warum? Wer weiß das schon so genau. Sind die Gene daran schuld? Irgendwelche nicht vorhandenen Verknüpfungen im Gehirn? Ist ja auch egal. Tatsache ist, dass es in diese Gesellschaft, in der wir leben, nicht wirklich reinpasst.

Denn eine TEIL-LEISTUNGS-STÖRUNG (was für'n

Wort, oder?) – wie es so schön heißt – ist halt vor allem eins: Eine STÖRUNG!

Ich habe also eine Störung. Und Störungen stören. Sie stören die Eltern, sie stören Lehrerinnen und Lehrer, sie stören Mitschülerinnen und Mitschüler und später bestimmt im Arbeitsleben. Sie stören in der Schule, in der Partnerschaft (von der ich noch keine Ahnung habe und bei der bestimmt nicht nur das stört), sie stören beim Ausfüllen von Formularen und wenn du dir durchs Lesen Wissen aneignen möchtest oder musst. Sie stören einfach. Und vor allem: Sie stören mich.

Und was macht man mit Störungen? Richtig, man behebt sie. Aber wie soll das gehen? Wie repariert man etwas, dessen Ursache man nicht kennt? Fleißig lernen? Mit Klebstoff neue Verbindungen im Gehirn knüpfen? Es geht nicht per Knopfdruck. Es gibt keinen Schalter, der einfach umgelegt werden kann. Und, muss es unbedingt behoben werden? Sind wir 10%

aller Menschen das Problem oder vielleicht die 90%, die keine Ahnung davon haben, wie es ist, mit Legasthenie zurechtzukommen, die aber dennoch den Anspruch an uns haben, dass wir so sind, wie sie es sind?

Eine/r von 10%

Weißt du, wie oft meine Rechtschreibung von Lehrerinnen und Lehrern angemerkt wurde, obwohl meine Legasthenie bekannt war? Dir geht es vielleicht ähnlich? Für mich war das jedes Mal wie Salz in die Wunde streuen oder eigentlich eher wie ein Schlag in die Fresse. Der Inhalt zählte kaum, aber die Form, die war wichtig. Und natürlich die Fehlerquote.

Und wenn ich mich dann ständig so sehr auf die Form konzentrieren muss, alle Rechtschreibregeln versuche auswendig zu lernen, um sie dann bei einer Arbeit anwenden zu können (ist für mich gar nicht leistbar, aber stellen wir uns vor, es wäre so), dann verschwende ich so viel Zeit auf diese konzentrierte Arbeitsleistung, auf das Form-Erfüllen, dass für den Inhalt keine Kraft mehr da ist. Also, dann ackere ich mich an der Form ab, achte auf Groß- und Kleinschreibung, hab aber keinen Raff mehr von dem, was wirklich wichtig ist: Vom Inhalt und von der Aufgabenerfüllung.

Und wenn der Inhalt über längere Zeit im schulischen Bereich so selten zählt und ich nicht mit all meinen Stärken, die ich ja mittlerweile glücklicherweise wieder selbst erkennen kann, gesehen werde. Wenn immer mit dem Finger auf mich gezeigt wird, diese Abnormalität ständig in den Fokus rückt, na dann passiert genau das, was nicht passieren darf: Du reduzierst dich auf das Problem der anderen.

Richtig gehört: Problem der ANDEREN! Ist es mein

Problem, dass ich nicht fehlerfrei schreiben und lesen kann, oder ist es das Problem meiner Mitmenschen, der Gesellschaft? Wo bleibt denn hier die Toleranz?

Bei manchen Menschen steht das mit Daumen und Zeigefinger gebildete „L" vor der Stirn für LOSER (englisch für Verlierer). Für mich steht es für Legastheniker. Oder für beides?

Ich kann dir nicht sagen, wie viele Stifte und Lineale ich in meiner bisherigen Schulzeit zerbrochen habe. Wie viele Heftseiten ich zerrissen und Dinge durch die Gegend geschleudert habe. Ich heule echt selten, aber ich habe mich oft so sehr über diesen Mist geärgert, mich gefragt, warum ich ausgerechnet zu diesen 10% der Menschen mit Legasthenie gehöre, dass da schon ziemlich viel Tränenflüssigkeit zusammenkam. Vermutlich mehr als ein Glas voll.

Das Schlimmste war aber all die Jahre der ewige Streit mit meinen Eltern und vor allem mit meiner mom (Mutter). Bis zum Tag der Diagnose "Legasthenie" vergingen 4,5 Schuljahre voller häuslichem Generve, Streit, Zankereien.

Ich habe irgendwann selbst nur noch gebockt. Keinen Bock mehr auf diese elenden Vergleiche, minütlichen Verbesserungsvorschläge und Nörgeleien. Das Lob, das ich für meine guten Noten bekommen habe, habe ich fast überhört. Zu sehr hat jahrelang das niederschmetternde Feedback meiner mom und eigentlich meines ganzen Umfeldes zu meinen Leistungen im Fach Deutsch in meinen Ohren nachgehallt.

„Du musst mehr üben!" „Kein Wunder, dass du nicht lesen kannst." „Mein Gott Jack, streng dich doch mal an!" „Willst du mich eigentlich verarschen, Jack?" „Wie schreibst du denn?" „Wie oft muss ich dir das noch sagen, ...!"

Ich war wirklich erleichtert, als ich am Anfang der 5.

Klasse nach einer Begutachtung beim Kinderarzt erfuhr, dass ich Legasthenie habe. Natürlich kamen aus meinem Umfeld sofort die Rufe: *"Aber ruh' dich jetzt nicht darauf aus!"* So ein Blödsinn kann ich nur sagen.

Mein WARUM

Warum ich dieses Buch geschrieben habe? Naja, habe schreiben lassen ist wohl der bessere Ausdruck. Weil ich unbedingt möchte, dass sich etwas ändert. Dass ich mich nicht ständig rechtfertigen muss. Dass ich nicht als Legastheniker, sondern als Jack gesehen werde. Dass wir Menschen mit Legasthenie uns nicht als Legastheniker definieren.

Legasthenie und Schule - passt so gut wie die Faust auf's Auge

Jeder Schultag, der vergeht, an dem ich nicht auffalle, an dem ich nicht laut vor der Klasse vorlesen muss, ist ein guter Tag.

Vorlesen.... Warum um alles in der Welt muss ich auch vorlesen? Ich kann es einfach nicht so gut wie die anderen. Vor allem nicht laut. Und dennoch muss ich meine Unfähigkeit in diesem Bereich viel zu oft unter Beweis stellen. Zum Vergnügen der anderen.

Immer wieder und egal in welchem Fach kommt dieser Moment. Der Moment, in dem mein Name aufgerufen wird und es heißt: *„So Jack, jetzt liest du mal ein Stück!"* What the f*ck? Ich sehe doch, wie getuschelt und gelacht wird, während ich mich abmühe. Ich sehe, wie sich in den Augen der anderen meine Intelligenz mit jedem gelesenen Wort schmälert. Aber scheinbar gefällt manch einem Erwachsenen dieses Bloßstellen.

Ist doch schön, wenn man allen anderen ein tolles Gefühl geben kann, weil sie sich im Vergleich zu mir als Überflieger sehen können.

Klar, es ist bestimmt Teil des Lehrplans. Dieses unveränderbare, steife Manuskript (Schriftstück), die Bibel der Lehrerinnen und Lehrer. Das Vorlesen ist Teil der Ausbildung. Und das Bloßstellen wohl auch.

Heute hatte ich die Aufgabe, meine Englisch Hausaufgaben als Audio-Datei aufzunehmen und an meine Lehrerin zu schicken. Ich hatte kein Problem, den Text zu verstehen. Ich gebe an dieser Stelle zu, mein Vater ist Amerikaner. Und ich hatte auch kein Problem, den Text ins Deutsche zu übersetzen. Aber vorlesen und mich selbst dabei aufnehmen? Das ist echt ätzend. Das ist wie Augentropfen. Obwohl, die braucht man ja manchmal. Es ist eher wie Magen-Darm an deinem Geburtstag. Zum Kotzen.

Kennst du das Gefühl, dass man sich so sehr auf die

eigenen Schwächen konzentriert, dass man die eigenen Stärken nicht mehr sieht?

Bei mir war schon zu Beginn meiner Schulkarriere (bescheuertes Wort, oder?) klar, dass Rechtschreibung und Lesen kein Klacks wird.

"b" und "d" und einige andere Buchstaben habe ich ständig vertauscht. Lesen ging immer nur Silbe für Silbe und sogar dabei nicht fehlerfrei.

Meine mom sagt immer, dass ich erst spät gesprochen habe. Und von flüssig und grammatikalisch korrekt gesprochenen Sätzen bin ich heute noch öfter entfernt. Meine Zuhörer brauchen oft Geduld mit mir. Ist so ähnlich, wie wenn es an einer spannenden Filmstelle plötzlich zur Werbung schaltet.

An dieser Stelle fragst du dich bestimmt, ob ich dieses Buch geschrieben habe. Dazu kann ich dir antworten: Ja und nein. Ja, es sind meine Gedanken, meine Erfahrungen und meine Gefühle. Es ist meine Geschichte. Aber wie in manch anderen Bereichen auch, habe ich mir Unterstützung geholt. Denn: Ich muss ja gar nicht alles alleine können, ich muss nur wissen, wie ich dennoch mein Ziel erreiche.

Ist übrigens auch ein guter Tipp, um dich vom Haushalt zu drücken. Ich soll staubsaugen? Ganz einfach: Den Sauger hektisch hin und her bewegen und gekonnt alle Krümel übersehen. Dann bitten dich deine Eltern darum in Zukunft nicht mehr. Aber das nur am Rande.

Zurück zum Thema: Meine mom ist mein Ghostwriter. Was zum Teufel ist ein Ghostwriter, fragst du dich? Jemand, der deine Gedanken aufs Papier bringt. Übersetzt heißt das so viel wie Geister-Schreiber. Ich wusste schon immer, dass es bei uns spukt…

Und was macht ein Ghostwriter? Zuhören und schreiben. Du erzählst oder du nimmst deine

Gedanken elektronisch auf und dein Ghostwriter verpackt es in hoffentlich verständliche Sätze. Und siehe da: Sogar Menschen mit Legasthenie können Bücher schreiben. Später wirst du auch noch die Namen ein paar bekannter Schriftsteller mit Legasthenie nachlesen können.

Warum bin ich nicht im Dschungel geboren?

In unserer Gesellschaft stellt Legasthenie ein Problem dar. Wenn ich im Amazonas als Teil einer indigenen Gruppe aufgewachsen wäre, wäre ich vielleicht für meinen scharfen Verstand, mein logisches Auffassungsvermögen, meine Muskelkraft, meine super Fähigkeiten als Zuhörer und meinen guten Orientierungssinn bekannt. Vielleicht wäre ich der geborene Krieger. *Call me WARRIOR Jack!* (Nenn' mich Krieger Jack!) Vielleicht ist Rechtschreibung und Lesefluss im Dschungel egal. Und andere Fähigkeiten zählen.

Mein dad (Vater) hat auch Legasthenie. Dass es vererbt wird, ist also in meinem Fall ziemlich wahrscheinlich. Im US-amerikanischen Schulsystem ist mein dad aber nicht so aufgefallen, wie ich hier. Die Multiple-Choice Tests (Tests, in denen man die richtige Antwort ankreuzen muss) haben zumindest geholfen, dass er nicht ständig durch Rechtschreibfehler aufgefallen ist. Wird hierzulande verhöhnt. Mir würde es oft helfen. Aber ich lebe nicht im Dschungel. Und auch nicht in den USA. In Deutschland zählt vor allem eins: Zertifikate, Bescheinigungen, Zeugnisse etc.. Das sind hier die Türöffner. Auf Papier steht scheinbar, was man kann. Zeugnisse sind wohl aussagekräftig, denn sie zeigen die Intelligenz und das Bemühen der Beurteilten. Ist das so? Ich mein ja nur….

Meine Fähigkeiten, in denen ich besonders gut bin,

gehen irgendwie unter. Wenn ich meine Zeugnisse anschaue, steht da so wirklich nichts über mich drauf, NICHTS, was mich wirklich ausmacht. Zumindest nichts mit Aussagekraft. Aber in Deutschland brauchen wir ja eine Vergleichsbasis. Einen Maßstab. Stimmt. Wenn Emil in Mathe ne 1 auf dem Zeugnis hat und ich eine 2, bedeutet das, dass Emil der bessere Matheschüler ist. Richtig? Oder kann es auch sein, dass er Glück hatte und am Testtag einen richtigen Lauf hatte, während ich an einer Denkblockade litt? Denn eigentlich bin ich super in Mathe und brauche nicht lange, um die Themen zu verstehen. Und Emil geht jeden Tag zur Nachhilfe und lernt und lernt und lernt. Aber ne 1 ist besser als eine 2 und somit ist er das Mathe-Ass und ich nicht.

Da wir schon beim Thema Zeugnisse sind….

Zeugnisse - Bewertungen, die über meine Zukunft entscheiden. Geht's noch?

Heute war ein Brief für mich in der Post. Juhu, dachte ich. Doch die Freude währte kurz. Dabei fing dieser Tag so gut an! Es war mein Zeugnis. Mein Halbjahreszeugnis der 6. Klasse. Ich riss den Umschlag meiner mom aus den Händen, bevor sie einen Blick darauf werfen konnte. Langsam, ganz behutsam und tief einatmend zog ich das Blatt aus dem Umschlag. Es fühlte sich schon lieblos an, denn es hatte noch nicht mal eine Hülle. Einfach nur ein Blatt. Es dauerte einen Moment, bis ich die ausgeschriebenen Zahlen begriff. Die tollen Noten fallen ja direkt ins Auge. Ein „gut" ist kurz und knapp und sticht neben den längeren und strafenden Noten, wie „befriedigend", „ausreichend", „mangelhaft" doch ziemlich hervor. Warum schreiben die denn nicht einfach Zahlen darauf? Da hätte ich die Katastrophe schneller erfasst. Denn leider gab es von diesen kurzen, schnell erblickten Noten nur zwei. Der restliche Teil meines Zeugnisses war wenig erfreulich. Eher war es ein Tritt in die Weichteile. Neben ein paar dreien hagelte es vieren und eine fünf. Die fünf gab`s in Französisch. War ja klar…. Ohne Mist, ich wusste ja, dass meine schriftlichen Leistungen – na sagen wir mal bescheiden waren. Aber ich habe mir verdammte Mühe gegeben und richtig gut mitgearbeitet. Ich habe meine Hausaufgaben gemacht und mich durchgeboxt. Und das ist jetzt der Dank dafür? Als mir das Gesicht entgleiste, riss meine mom mir das Papier aus der Hand. Für mich hatte es jetzt schon nur noch den Wert von Schmierpapier. Meine mom hatte mit einem Blick erkannt, wie es um mich stand. Und dann las sie den Satz vor, der unter Bemerkung stand. Den hatte ich erst gar nicht gelesen. War ja ein Satz und kein Wort. Da stand: Bei gleichbleibenden Leistungen wird zum Ende des

Schuljahres der Wechsel auf eine Realschule empfohlen. Waaas? Das war's. Ich brach zusammen und sank auf den Boden. Zerschmettert, heulend. Ich raufte mir die Haare, stieß komische Laute aus. Meine Zukunftspläne zogen in schnellem Tempo an mir vorbei. In unerreichbare Entfernung. Kein Abschluss, keine Ausbildung, kein Traumjob, keine Familie. Na gut, etwas übertrieben rückblickend betrachtet, aber in dem Moment echt so gefühlt.

Meine Eltern schauten mich mitleidig an und waren für einen Moment sprachlos. Sie hätten sich wohl auch etwas Anderes gewünscht. Aber nun war sie da: Die Tatsache. Es dauerte einen Moment, bis ich mich wieder aufraffen konnte. Ich kratzte mein letztes bisschen Würde vom Boden und stand auf. Meine Eltern prasselten auf mich ein. Dass sie für mich da sind und alles gut wird. Meine mom schlug vor, dass ich erst mal ne Runde an die frische Luft gehen solle. Und das tat ich. Sauerstoff konnte nicht schaden. Vor Wut und Enttäuschung fiel mir gar nicht auf, wie schnell ich unterwegs war. Meine Füße trugen mich automatisch, ohne Ziel. Die Wut wich und ich begriff, dass ich diesen Kampf so leicht nicht aufgeben werden würde. Denen, meinen tollen Lehrerinnen und Lehrern, sage ich den Kampf an. Jack gegen die Welt. So und nicht anders.

Durchgelüftet und voller Tatendrang kehrte ich zurück und berichtete von meinem Plan. Meine mom schaute mich etwas ungläubig und überrascht an, war aber froh, dass sich meine Stimmung verbessert hatte. Doch ich konnte ihre Stimmung nicht wirklich heben. Woran dachte sie nur? Vielleicht konnte sie es nicht fassen, dass all die Mühe zu so einem traurigen Ergebnis geführt hat. Ich gab mir den restlichen Tag Mühe, sie wieder aufzubauen und ihre Laune zu heben. Es gelang mir nicht wirklich.

Ehrlich gesagt, geht es mir total auf die Nüsse, dass Lehrerinnen und Lehrer so eine Macht haben. All die vieren hätten auch locker dreien sein können. Es war deren Entscheidung. Was wollen die denn damit erreichen? Mich fertigmachen? Zuhause Ärger erzeugen? Oder brauche ich so einen Arschtritt? Trotzdem unfair. Ich weiß, dass ich besser als „ausreichend" bin. Ich werd's ihnen zeigen. In Französisch hoffe ich einfach nur, dass sich der Lehrer verpisst. Der alte Streber. Versucht mit nem riesen Tempo und ohne Rücksicht auf Verluste, uns alle zu Franzosen zu machen. Ohne jegliches Mitgefühl. Hier habe ich keine Ahnung, wie ich mich verbessern soll. Ich raff es einfach nicht. Null. Trotz Nachhilfe. Zweimal in der Woche. Das ist ne Sprache, die mein Gehirn nicht erreicht. Auch nicht durchs Ohr. Die prallt an meinem Schutzschild ab. Ich muss erfahren, was ich tun muss, um eine fünf im Hauptfach auszugleichen. Das rettet mich vielleicht bis zur zehnten Klasse.

Diese Noten schaden nicht nur mir, sondern auch unserem Frieden Zuhause. Die Angst davor, meine Eltern zu enttäuschen, macht schon echt was mit mir. Vor allem seitdem ich auf dem Gymnasium bin. Vorher, war das nie eine Frage. Im Kindergarten gab es kein wirkliches Bewertungssystem. Ok. Ich wurde schon verglichen. „Schau mal, Jack, Timmi kann schon mit Messer und Gabel essen und Paula zieht sich schon ganz alleine die Schuhe an." Aber diese Feststellungen der Erwachsenen haben mich nicht beängstigt. Ich habe ja keine Noten fürs selbstständige Schuheanziehen und fürs ordentliche Essen bekommen. Ich war einfach ich und damit war ich echt zufrieden. In der Grundschule hat sich das dann allmählich geändert. Ich hatte das Glück, eine tolle Grundschullehrerin zu haben. Ich nehme an, dass meine Legasthenie in dieser Zeit nicht entdeckt wurde, weil meine Lehrerin tatsächlich eher den Blick auf meine Stärken gerichtet hatte. Ich wurde gelobt und habe oft freundliche Stempel und später gute Noten erhalten. Lernen hat (zumindest meistens) Spaß gemacht und meine Erfolge wurden Zuhause gemeinsam gefeiert. Ohne diese positiven Lernerfahrungen wäre ich vielleicht nicht aufs Gymnasium gekommen. Wenn schon damals der Fokus auf meine Rechtschreibschwäche, und wenn mir regelmäßig und mit strafenden Noten meine Schwächen aufgezeigt worden wären, dann hätte ich schon früher diese Angst kennengelernt. Aber das kam erst auf der weiterführenden Schule hinzu. Nicht, dass ich je wirklich Ärger für schlechte Noten bekommen habe. Aber die enttäuschten Gesichter meiner Eltern sind mir nie entgangen. Und die Sprüche wie: „Tja, selbst schuld. Hättest du mal richtig gelernt!" wurden zu meinem ständigen Begleiter. Dabei habe ich meist geübt. Und ich habe mich auch angestrengt. Weißt du, dass diese Versagensängste dich so vernebeln können, dass du im Test gar nichts mehr weißt. Dein Gehirn ist wie leergefegt. Völlig Matsch. Das Gelernte oder zumindest schon mal Gehörte ist einfach ausgelöscht. Das nennt man "Blackout". Ist Englisch und bedeutet so viel wie VERDUNKELN. Als wenn sich ein dunkles Gewitter in deinem Kopf zusammenbraut und es blitzt und donnert.

Und wenn du öfter diese verdunkelten Erfahrungen machst, dann wird die Angst vorm Versagen nur noch größer und extremer. Und deine "Blackouts" nehmen automatisch zu. Ein Teufelskreis. Und alles nur, weil wir hier dieses Bewertungssystem haben. Weil wir uns an Noten messen. Weil unsere Zeugnisse über unsere Zukunft bestimmen. Angst ist sicherlich eine gute Erfindung der Evolution (Entwicklung der Menschheit). Angst vor gefährlichen Tieren hat die Menschheit überleben lassen und hat Fluchtinstinkte ausgelöst. Genau diese habe ich in manchen Prüfungssituationen auch. Ich will einfach nur weg. Weit weg.

Stell dir nur mal vor, wie es wäre, wenn nicht unsere Noten, sondern unser Können darüber entscheidet, welche Ausbildung wir später machen können, welchen Beruf wir wählen, welche Zukunft uns bevorsteht. Stell dir vor, dass du schon früh erkennst, dass du voll gerne Dinge aus Holz bastelst und dich dieses Handwerk voll interessiert. Und dass du ne Niete in Deutsch oder Religion (warum wird der Kram überhaupt unterrichtet?) bist, ist völlig egal. Denn du hast dein Talent entdeckt und dein Weg steht fest (zumindest solange du diesen für dich möchtest). Denk nur, wenn wir uns alle auf unsere Stärken konzentrieren dürften und deshalb täglich Erfolgserlebnisse feiern können. Was ein Partyleben sag ich dir!

Vielleicht würde sich das dann auch auf unsere Leistungen in den Fächern auswirken, in denen wir sonst nicht glänzen. Einfach nur weil wir motiviert sind. Motivierte Schülerinnen und Schüler. Was für'n Traum, oder? Wie einfach! Aber einfach wäre ja öde. Dabei würde das allen Beteiligten im Schulsystem helfen. Und wir könnten unsere Angst wieder für die Begegnungen mit Raubtieren aufheben. Weiß nicht, warum das nur ein Traum ist. Weiß nicht, warum wir lieber mit Angst, statt mit Freude lernen sollen. Aber das kann mir bestimmt ein Erwachsener erklären….

Mit kleinen Änderungen zu viel Erleichterung

Warum ist es denn so schwer Bücher, und vor allem Schulbücher, so zu gestalten, dass Menschen mit Legasthenie sie auch (gut) lesen können? Schriftgröße, Schriftart, Zeilenabstand ändern und fertig ist. Das wäre doch ein mega Schritt in Richtung

Chancengleichheit.

Ich verwende die Schrift Comic Sans MS. Kannst du es gut lesen? Siehst du den Unterschied in manchen Buchstaben im Vergleich zu zum Beispiel der Schriftart Times New Roman. Schau dir mal die unterschiedlichen a's an. Auch die Schriftart Arial ist nicht besser. Zwar schon etwas deutlicher lesbar, aber die Buchstaben sind so eng aneinander und auch hier sind die a's schwer lesbar. Die Comic-Schrift ähnelt der Handschrift. Ich finde das viel einfacher zu lesen. Mittlerweile arbeite ich viel am PC. Wenn ich in Word Sachen tippe, zeigt mir das Programm sofort meine Fehler an. Oder zumindest die meisten. Das hilft mir und das Ergebnis ist viel ordentlicher. Meine Handschrift ist nämlich das nächste Problem. Ich krakele mehr, als dass ich schreibe. Fast schon Kunst, wie ich finde. Aber meine Lehrerinnen und Lehrer und meine Eltern sehen das anders. Ich werde täglich ermahnt, ordentlicher und besser lesbar zu schreiben.

Am PC gibt es das Problem nicht. Also, an dieser Stelle mein Tipp für dich: Versuche es auszuhandeln, dass du zumindest deine Hausaufgaben am PC erledigen kannst. Am Ende des Buches kannst du im Kapitel „Tipps für dich" nochmal alles nachlesen, was ich dir zwischendurch an Tipps gebe.

Eine Anmerkung am Rande: Nur weil wir nicht so gut lesen können, heißt das ja nicht, dass wir ungern lesen…. Es gibt ein paar Bücher im Handel, die in der Comic-Schrift geschrieben wurden. Und siehe da: Sogar ich werde zum Bücherwurm, wenn mir das Lesen durch einfache Tricks erleichtert wird.

Neben der Schrift gibt es noch weitere Tipps, um Menschen, die mit Rechtschreibung, Lesefluss und Grammatik auf dem Kriegsfuß stehen, das Lesen zu erleichtern und damit das wirkliche Wissen zu erfahren. Wenn ich schon an der Aufgabenstellung scheitere, wie soll ich sie dann beantworten können?

Wie wäre es denn mal mit klaren, kurz und einfach formulierten Anweisungen? Es ist ja nicht nur, dass Menschen mit Legasthenie im Fach Deutsch Schwierigkeiten haben oder spätestens auf der weiterführenden Schule bekommen. Wenn eine Matheaufgabe lautet:

Subtrahiere von dem Produkt der Zahlen fünfzehn und vierzehn die Summe der Zahlen dreizehn und dreiunddreißig und multipliziere das Ergebnis mit der Zahl siebzehn.

Da höre ich nach dem 5. Wort schon auf zu lesen. Da gebe ich auf. Wenn du mir die Aufgabe als Zahl vorlegst, löse ich sie dir in einer Minute. Und diese Problematik zieht sich ja ab der 3. Klasse durch den Matheunterricht. Viele Textaufgaben sind so formuliert, dass du sie nur mit einem guten Leseverständnis lesen und verstehen kannst. Ich verstehe ja, was damit bezweckt werden soll:

Abstraktes Denken und Transferfähigkeit. Mal wieder solche schwierigen Worte. Bedeutet in etwa so viel wie um die Ecke denken zu können und zuvor Gelerntes auf einen neuen Zusammenhang übertragen und anzuwenden. Aber wenn ich am Lesen der Aufgabe scheitere, dann kann ich auch hier mein Können nicht unter Beweis stellen.

Wenn ich für die Schule längere Texte lesen muss, liest meine mom sie meistens vor. Denn wenn ich Geschichten oder Sachtexte höre, begreife ich sie sofort. Ich male sie mir im Kopf aus, verknüpfe sofort Zusammenhänge, werde Teil davon. Aufgaben, die zum Text gestellt werden, kann ich dann einfach lösen. Aber wenn ich den Text selbst lesen muss, weiß ich am Ende des Textes schon nicht mehr, was am Anfang steht. Ich muss mich auf jedes Wort konzentrieren und begreife den Zusammenhang nicht gut. Zu anstrengend ist das Wörterbilden, zu stockend komme ich voran. Kein Lesefluss, eher Staudamm an Staudamm. Ich bin also eher ein auditiver Lerner. Audi….was? Schwieriges Wort, ich weiß. Aber vielleicht geht es dir ähnlich. Auditiv bedeutet „den Gehörsinn betreffend". Ich lerne am besten mit meinen Ohren, durchs Zuhören. Gesprochenes vergesse ich nicht so schnell. (Hoffe du hast nicht grad Gebrochenes gelesen….) Es geht vom Ohr ins Gehirn. Direkter Weg.

Aber in der Schule nimmt sich leider niemand die Zeit, mir Texte oder Aufgabenstellungen vorzulesen. Friss oder stirb, heißt es hier. Klar, hält es meine Mitschülerinnen und Mitschüler auf, wenn ich ständig eine Hilfestellung einfordere. Aber stell dir mal folgendes Szenario vor: In der Gruppe wird jeder in seinen Stärken gefördert und mit seinen Schwächen unterstützt. Eine im Lesen starke Klassenkameradin könnte die Texte der ganzen Klasse vorlesen und ich kann dafür jemanden anderen in Musik, Mathe, Nawi unterstützen. Das wäre doch Gemeinschaft, oder? Wenn wir das Konzept in der Schule leben würden, kämen alle weiter, wäre allen geholfen. Manche Schulen arbeiten nach diesem Konzept.

Aber auch innerhalb von Klassen einer Schulart, ich bin z.B. auf einem Gymnasium (an dieser Stelle sei gesagt: Noch bin ich auf einem Gymnasium), gibt es unterschiedliche Lerntypen, sind Stärken und Schwächen verteilt. Denn nur wenige Kinder sind als Überflieger geboren und in allen Bereichen mega fit. Im Miteinander geht es doch meistens besser, oder?

Der absolute Hass für Menschen mit Legasthenie: Lückentexte. Ist doch klar. Was war ich froh, als es bei meinem letzten Nachteilsausgleich hieß: „Wir werden alle Fachlehrerinnen und -lehrer bitten, für dich, Jack, alternative Übungen statt Lückentexte zu machen." Check, dachte ich. Und dann schrieben wir eine Klassenarbeit in Französisch und was war? Von 6 Aufgaben waren 4 Aufgaben reine Lückentexte. Einer davon war ein Text, den wir üben sollten und da ich ganz gut auswendig lernen kann, wusste ich welche Wörter fehlten. Also, kein Können, nur ein gutes Gedächtnis. Das Ergebnis der Arbeit war wie erwartet eine 5.

Also, liebe Lehrerinnen und Lehrer: Bitte merkt euch: Ein Nachteilsausgleich macht nur dann Sinn, wenn sich alle daran halten. Ansonsten ist es ein wertloses Stück Papier.

Wenn wir schon beim Thema Nachteilsausgleich ist, hier ein kleiner Abschnitt dazu:

Der Nachteilsausgleich

Das Wort NACHTEILSAUSGLEICH sagt ja genau, was damit bewirkt werden soll. Der Nachteil, der Kindern mit Legasthenie durch ihre Legasthenie entsteht, soll ausgeglichen werden. SOLL, sage ich nur. Denn in der Realität ist nicht jeder Nachteilsausgleich den Nachteil ausgleichend. Und wenn nur in einzelnen Bereichen und nicht im gesamten Schulalltag.

Ich habe bislang zwei Nachteilsausgleiche verhandelt. Beide waren mehr oder weniger lachhaft.

Das liegt entweder an meinem mangelhaften Verhandlungsgeschick oder - und davon bin ich überzeugt - vom mangelnden Problembewusstsein und Verständnis des Systems Schule.

Beispiel: Ich bekomme bei Klassenarbeiten in den Hauptfächern bis zu 10 Minuten mehr Zeit als meine Klassenkameraden. Das hilft schon mal, wenn ich

Texte oder Aufgabenstellungen mehrmals lesen muss. Theoretisch habe ich auch jetzt mehr Zeit dafür, meine Rechtschreibung zu kontrollieren, indem ich die gelernten Regeln anwende. Ich kann dir nur sagen, ich krieg's nicht wirklich hin.

Die Rechtschreibung in Diktaten zählt für mich. Ich muss also damit leben, dass ich pro Halbjahr mindestens eine 6 im Fach Deutsch schreibe. Nicht, weil ich nicht gelernt habe oder mich nicht angestrenge. Auch nicht, weil ich mich weigere oder gar ein weißes Blatt abgebe. Nein, weil etwas bewertet wird, das nicht bewertet werden sollte.

Und nur, weil es eine Enttäuschung mit Ansage ist – ich weiß schließlich, dass ich jedes Halbjahr mindestens eine 6 in Deutsch schreiben werde – ist es dennoch eine Enttäuschung. Unnötig, wie ich finde! Der Fairness halber muss ich ergänzen, dass meine jetzige Deutschlehrerin aus pädagogischen Gründen und weil sie einen Ermessensspielraum hat, mir im letzten Diktat eine 5- gegeben hat. Immerhin.

Meine Diktate oder meine Rechtschreibung zu bewerten, ist so ähnlich, wie wenn ein stotterndes Kind für den Redefluss beim Vortrag bewertet wird. Oder ein Kind mit gebrochenem Bein beim Weitsprung mitmachen muss und dies bewertet wird. Warum kann ich meine Leistung und mein Können denn nicht anders nachweisen?

Hier läuft doch was falsch. Verdammt falsch!

Weißt du, was mich echt frustriert und verärgert? Ich glaube, dass viele Kinder mit Legasthenie, und mit anderen sogenannten TEILLEISTUNGSSTÖRUNGEN, nicht die Chancen bekommen, die sie verdienen. Sie werden nicht fair behandelt und es wird nicht auf ihre Stärken geschaut. Und Schwupps, fallen sie einfach durchs System. Gehen nicht aufs Gymnasium (nicht, dass das das non plus Ultra und unbedingt notwendig ist oder späteren beruflichen Erfolg garantiert), obwohl sie echt das Zeug dazu hätten. Ich finde es ist Diskriminierung. Wieder so ein schwieriges Wort. Es bedeutet in etwa Benachteiligung von einzelnen Menschen oder Gruppen. Kurz gesagt: Es ist UNGERECHT.

Stell dir mal folgende Szene vor: Du nimmst an einem 400-Meter-Lauf teil. Natürlich nicht freiwillig. Wer tut das schon? Du musst, denn es ist ein Sportfest. Also, du stehst an der Startlinie und zwar ALLEIN. Mutterseelenallein! Rechts und links neben dir ist gähnende Leere. Aber du läufst das Rennen nicht alleine. Nein. Die anderen Kinder, die das Rennen mit dir laufen, haben nur einen Vorsprung. Einen ziemlich großen Vorsprung. Sie starten 200 Meter weiter vor dir. So, dann mal viel Spaß. Mal sehen, wie lange dich deine Motivation trägt und ob du es bis zur Ziellinie schaffst. Ist nicht fair, denkst du dir jetzt? Nein, natürlich nicht!! Es ist total unfair.

Aber genauso ist es, wenn deine Rechtschreibleistung mit der von Kindern, die keine Legasthenie haben, verglichen wird und von dir genau das gleiche abverlangt und erwartet wird, wie von denen, die einen großen Vorsprung haben. Einen Vorsprung, den du, egal wie viel du übst und wie oft du trainierst, wohl kaum einholen wirst. Und wenn dein Nachteil realistisch ausgeglichen würde, würdest du 200 Meter Vorsprung bekommen und nicht die anderen.

Warum gelingt es nicht, jedes Kind so zu sehen und darin zu fördern, wo seine Stärken liegen? Nicht jeder kann schnell laufen, nicht jeder toll malen und nicht jeder ist musikalisch. Was der einen leicht von der Hand geht, ist für den anderen der blanke Hass. Und dennoch werden alle überall bewertet. Nicht dafür, dass sie sich anstrengen oder sich beteiligen. Nein, dafür wie weit sie springen, wie schnell sie laufen, wie gut sie rechnen und wie fehlerfrei sie schreiben. Es zählt nicht die Einstellung zur Schule und zum Lernen. Nein. Nur Resultate. Ob die Bedingungen, die zu den Ergebnissen führen, fair oder unfair sind, ist völlig egal.

Die Lehrerin meines Bruders ist so ziemlich der unfähigste Mensch, der unterrichten darf. Du meinst, dass das nicht geht, weil du mindestens genauso unfähige Menschen kennst? Ok, vielleicht hast du recht. Es gibt mehrere davon. LEIDER!

An dieser Stelle möchte ich erwähnen, dass es ebenso richtig gute Lehrerinnen und Lehrer gibt. Menschen, die im Rahmen ihrer Möglichkeiten wirklich das Beste aus dem System Schule machen und bei denen der Unterricht Spaß macht. Wenn ich in diesem Buch auch öfter über Lehrerinnen und Lehrer abrotze, dann sind damit die gemeint, mit denen ich selbst schlechte Erfahrungen gemacht habe.

Die Lehrerin meines Bruders hat es zum Beispiel geschafft, dass aus einem fröhlichen, unbeschwerten und neugierigen 6-Jährigen, ein trauriger, frustrierter 9-Jähriger wurde, dem jegliches Selbstvertrauen und Selbstbewusstsein genommen wurde. Sein Standardspruch lautet: „Das kann ich eh nicht." Und mittlerweile hat er damit oft recht. Denn er hat jegliche Lust am Lernen und an der Schule verloren. Er hat keine schulischen Ziele mehr. Es ist ihm egal, ob er später einen Abschluss hat. Er will Fußballstar werden und dafür braucht er keine Bildung. So meint er. Was ist in drei Jahren da passiert? Die Lehrerin hat von Anfang an Tests geschrieben. Schon in der dritten Woche der ersten Klasse wurden Diktate geschrieben. Da waren mal grad drei Buchstaben eingeführt. Und dann wurde mit nem dicken Rotstift markiert, was falsch war. Und weil es ihr so viel Spaß gemacht hat, die Kinder auf ihre ganzen Fehler hinzuweisen, gab es unter jedem Test eine Bewertung in Form von Smileys. Einen doppelt ☺ ☺ für die super Guten, einen ☺ für die Guten, einen ☹ für die nicht so Guten und einen ☹☹ für die Schlechten. Und die Bewertung war dabei so streng, dass es in der Klasse nur so ☹☹ hagelte. Und was macht das mit dir? Genau! Es zeigt dir ganz regelmäßig auf, dass du nicht gut genug bist. Dass deine Leistung ganz traurig ist. Dass du damit deine Lehrerin und bestimmt auch alle anderen enttäuschst. Denn wer ist schon glücklich über einen ☹☹? Und so schreibt die Alte auch die Zeugnisse. Alles was zu bemängeln ist, wird ausführlich notiert. Von Stärken keine Spur. Kein Wort darüber, was die Kinder gut können oder was sie auszeichnet. Da frag ich mich: Und warum kann man Lehrerinnen und Lehrer nicht kündigen? Wenn die doch teilweise so versagen, so gemein und beängstigend sind. Wie Oberbefehlshaber ihre Unterlegenen quälen. Jegliche Motivation nehmen und durch Angst ersetzen. Warum verdammt nochmal dürfen die dann immer weitermachen? Meine Eltern haben vergeblich viele Gespräche geführt und gehofft, dass sich die Alte in ihrem Verhalten verändert. Vergeblich. Die ist absolut beratungsresistent. Das heißt, alle Ratschläge prallen an ihr ab.

Warum, frage ich mich, stehen so oft die Schwächen im Vordergrund? Was ist denn hier der Maßstab?

Der Maßstab

Ich und meine Leistungen werden oft verglichen. Nicht mit anderen Kindern mit Legasthenie - in meiner Klasse gibt es nämlich leider keine. Und in meinem Umfeld auch kaum welche. Zumindest kenne ich niemanden außer meinen dad. Nicht mit anderen, die in manchen Bereichen Schwächen haben. Nein! Ich werde mit den super guten Schülerinnen und Schülern verglichen. Mit denen, die für das Lesen und fehlerfreie Schreiben ein Klacks darstellen. Auch sehr schmeichelnd: Der ewige Vergleich mit meinem 3,5 Jahre jüngeren Bruder. Ja, genau. Ist es nicht wunderbar, wenn dein kleiner Bruder besser lesen und schreiben kann als du? Und das, obwohl er noch in der Grundschule ist. Ist doch herrlich fürs Selbstbewusstsein.

Und was kommt dabei rum? Was macht der Äpfel-Birnen-Vergleich mit mir? Anstatt stolz darauf zu sein, dass ich ein super leckerer Apfel bin, versuche ich eine Birne zu werden. Aber ich mag doch gar keine Birnen!!!

Der Weg zur Lerntherapie

Wie das schon klingt, oder? LernTHERAPIE. Da sind wir wieder bei der Störung, die behoben werden muss. Aber schieben wir die negativen Gedanken mal beiseite. Was macht man eigentlich in der Lerntherapie?

Das Krasse ist, dass du bei der Lerntherapie gefühlt in die erste Klasse zurückkehrst. Auf einmal beschäftigst du dich wieder mit Silbentrennung, Sil-ben-tren-nung, klatschst dazu und bist höllisch froh, dass dich niemand dabei sieht. Aber tatsächlich hilft das. Wenn Menschen mit Legasthenie ihre Rechtschreibung verbessern wollen, hilft es Ihnen, wenn sie diese ganzen Regeln, die man in der Grundschule gelernt hat (oder auch nicht ;)) auswendig lernt, einübt und hoffentlich irgendwann anwenden kann. Ganz schön mühsam, ich weiß. Wir Menschen mit Legasthenie müssen uns so viel mehr anstrengen, von uns wird echt viel abverlangt. Grund genug, mal wieder stolz auf uns zu sein und uns nicht unterkriegen zu lassen. Ist schon komisch. Manche Menschen können das einfach so. Es klappt bei ihnen automatisch mit der Rechtschreibung. Wie kacken. Oder rülpsen. Ich muss immer stark überlegen, ob es vür oder für, fiel oder viel, wier oder wir heißt. Was bei anderen fluppt, ist für mich ein Ratespiel.

Dazu fällt mir ein: Heute hab' ich ne Erdkunde Hausaufgabe machen müssen. Statt Touristen schrieb ich Turesten. Da hatte sogar mein PC Schwierigkeiten, das Wort richtig zu verbessern.

Ich habe das Glück, dass ich bei einer ganz netten Lerntherapeutin bin. Einmal in der Woche gehe ich dort für eine Stunde hin. Und das tatsächlich ohne zu bocken, ohne mich zu weigern. Das verwundert mich selbst.

Ich glaube, es hat damit zu tun, dass es teilweise fast

Spaß macht, dort hinzugehen und mir wirklich etwas nutzt. Ist mir fast peinlich, dass ich das hier so zugebe. Es ist nicht nur blödes Rechtschreibtraining. Wir reden über alles Mögliche, spielen Spiele. Ich kann bei ihr auch mal über meine Eltern und – und das kommt fast immer vor – über meine Lehrerinnen und Lehrer abrotzen. Sie hört zu und sie versteht mich.

Meine mom hat sich dafür eingesetzt, dass diese Art von Nachhilfe vom Jugendamt bezahlt wird. Aber das war nicht ganz einfach. Die haben den Antrag wohl erst mal abgelehnt. Meine mom meinte, das wäre oft so. Aber da haben sie sich mit der Falschen angelehnt. Sowas spornt meine mom erst richtig an. Ist schließlich auch ne Geldfrage, ob man sich als Familie so ne Lerntherapie überhaupt leisten kann. Finde ich ehrlich gesagt ziemlich beknackt. Legasthenie trifft ja nicht nur die Reichen in der Gesellschaft. Meine mom hat's auf jeden Fall durchgeboxt.

Wenn du die Möglichkeit hast, zur Lerntherapie zu gehen, dann probier es doch mal aus. Überwinde deinen inneren Schweinehund. Es wird nicht schaden und vielleicht hilft es dir sogar. Und deinem Umfeld zeigst du, dass du nicht einfach die Diagnose hinnimmst, sondern aktiv bist. Weißt du eigentlich, wie oft ich den Satz: „Legasthenie ist eine Erklärung, aber keine Entschuldigung!" gehört habe. Ich sehe das etwas anders. Die 90% können das ja gut behaupten. Trotzdem gebe ich mir Mühe und erwarte, dass das entsprechende Anerkennung findet. Aber den Anspruch, dass ich irgendwann ein Ass in Rechtschreibung und im Lesen bin, habe ich nicht. Ich setze mir meine eigenen Ziele, wie du weißt.

Wohin mit der Wut?

Meine mom sagt immer, dass ich schon als Kleinkind Probleme hatte, meine Wut zu kontrollieren. Ich bin schnell mal ausgetickt und hab um mich geschlagen. Sie meint, dass ich so reagiert habe, weil ich erst spät mit dem Sprechen angefangen habe und ich mich daher nicht verständlich machen konnte. Nach dem Motto: Du verstehst nicht, was ich will? Ok, dann zeig ich es dir mal etwas deutlicher.

Wut begleitet mich also schon ziemlich lange und so richtig los lässt sie mich auch heute nicht. Mittlerweile schiebe ich es immer auf die Pubertät. Dabei weiß ich gar nicht genau, was dieses Pubertät-Ding überhaupt ist. Es wachsen plötzlich Haare an Stellen, an denen vorher keine waren. Wow! Und bei uns Jungs verändert sich die Stimme. Zum Glück ändert sich bei manchen die Stimme, kann ich nur sagen. Aber meine Stimmung spielt schon öfters verrückt. Es ist so in etwa wie Aprilwetter: Auf Sonne folgt Regen und Schnee. Und das manchmal im Minutentakt.

Wenn meine Laune von jetzt auf gleich umschlägt, ich die Kontrolle mal kurz verliere und meine mom mich genervt fragt, was mein Problem ist, dann reicht das Wort „PUBERTÄT" und sie lässt mich in Ruhe. Wie gut, dass sich diese Entschuldigung noch mindestens 6 Jahre nutzen lässt…

Ehrlich gesagt, hab' ich genug Gründe, um wütend zu sein. Oder wie siehst du das? Vielleicht geht es dir ja ähnlich.

Was machst du, wenn du wütend bist? Ins Kissen boxen, Türen knallen, schreien, zocken, essen? Ich hab all das und noch viel schlimmeres versucht, um meine Wut los zu werden. Mein armer Bruder… So wirklich hat's nicht immer geholfen. Meistens muss ich mich erst mal zurückziehen. Mal Abstand von der Welt nehmen. Niemanden sehen oder hören. Was mir immer gut hilft, ist ne Runde raus zu gehen, Energie loszuwerden. Ich jogge, fahre Rad, geh spazieren.

Aber was mir am besten hilft, nachdem ich runter gekommen bin, ist reden.

Reden ist silber – schweigen ist gold. Echt jetzt?

Ich kann dir sagen, ich hab' mir schon oft die Schnauze verbrannt. Kann einfach nicht die Klappe im richtigen Moment halten. Das hat mir schon oft Ärger eingebrockt. Aber wenn ich auch oft damit an-ecke, hilft mir meine Offenheit auch weiter. Und manchmal sogar anderen. Ich hab' mal eine ältere Frau (also, wenn ich älter sage, kannste bestimmt 10 Jahre abziehen) angesprochen. Sie hatte riesige schwarze Warzen am Hals. Sie war sehbehindert und hatte das wohl nicht so auf dem Schirm. Jedenfalls sah es wirklich seltsam aus. Ich habe sie also darauf angesprochen. Vor allem aus Interesse, weil ich sowas noch nie gesehen hatte. Erst war sie etwas schockiert. Hat ihr vorher wohl noch nie jemand gesagt. Dabei waren die Dinger schon von Weitem erkennbar. Wie an der Haut festklebende Insekten, die sich losreißen wollten. Echt übel. Auf jeden Fall hat die Frau sich kurz nach meinem Kommentar einen Termin beim Arzt gemacht und die Dinger entfernen lassen. Sie war nachher ziemlich glücklich darüber, dass ich sie darauf aufmerksam gemacht hab'.

Ich bin aber nicht nur offen, wenn es um andere geht. Ich rede über die Dinge, die mir Sorgen machen, reg mich auch mal auf, verfluche die Welt, geb' Kommentare ab. Ich rede nicht mit allen über den Kram, der mich beschäftigt. Meine Tante ist zum Beispiel mein "partner in crime", meine Verbündete. Ihr vertraue ich. Sie versteht mich.

Reden hilft mir. Wenn ich nur schweigen würde, alles mit mir selbst ausmache, würde ich irgendwann platzen. BANG !!!

Ich spreche auch offen über meine Legasthenie. Als

ich Anfang der 5. Klasse erfuhr, dass ich Legasthenie habe, war ich total erleichtert. Ich bin sofort zu meinen Lehrerinnen und Lehrern gegangen und hab' gesagt: „Übrigens, ich hab' Legasthenie!" Warum sollte ich mich auch dafür schämen? Ist mir schließlich in die Wiege gelegt worden. Ich hab's mir bestimmt nicht ausgesucht. Hätte ich die Wahl gehabt, hätte ich mir auch 125% Sehkraft ausgesucht. Aber ich trage eine Brille. So ist es nun mal.

Ich hab' mich damit abgefunden, dass ich kein Ass in der Rechtschreibung und im Lesen bin und es bestimmt auch nicht werde. So ist es nun mal und mich ständig nach dem WARUM zu fragen oder mir zu überlegen, wie mein Leben ohne Legasthenie wäre, bringt mir absolut nichts. Zeitverschwendung. Also, ich steh' zu mir und all dem, was zu mir gehört…

Einmal ein Superheld oder eine Superheldin sein?

Ich liebe Marvel. Mein Lieblings-Superheld ist Spiderman. In einem Moment, bist du ein stinknormaler Schüler, und dann, von jetzt auf gleich verlässt du diese eintönige Welt, streifst dir schnell ein Outfit über und betrittst ne spannende Schattenwelt. Gut gegen Böse und du mittendrin. Durch die Lüfte fliegen, schnell mal Menschenleben retten, Böse vermöbeln, Abenteuer erleben. Und dann wieder der langweilige Teenager von nebenan. Finde ich mega. In meinen Tagträumen verwandel' ich mich auch manchmal in einen Superhelden und verlass' diese Welt. Mit Superkräften die Welt verändern. Man muss ja mal träumen dürfen.

Ich spiele auch gerne Videospiele. Und ich liebe Starwars. Wenn ich in eine andere Welt abtauchen darf, all den Stress und Ärger für eine Zeit lang vergesse und ausblende, dann erhole ich mich. Meine

Fantasie und meine Tagträume helfen mir dabei, mich zu entspannen, abzuschalten, zu vergessen, Kraft zu tanken. Erwachsene stören diese Tagträume oft. Sie meinen, wir wären ständig abgelenkt, nicht erreichbar, abgetaucht. Und das sind wir ja auch. Aber nicht um andere zu ärgern, sondern um uns zu erholen. Wir brauchen Erholung von dem Dauerstress, von dem Generve. Von all den Regeln, Anforderungen, Erwartungen. Wir müssen uns manchmal einfach mal aus diesem Alltags-Chaos wegbeamen. Warum verstehen sie das nicht? Wollen wir denn so werden wie sie? Immer getrieben, von einer Aufgabe zur nächsten hetzen, ohne je Zeit für Entspannung, Spaß und Kreativität zu haben? Nur damit wir am Abend dann unseren Kindern aufzählen können, was wir alles heute geleistet haben? Und natürlich nicht vergessen zu erwähnen, dass wir diesen ganzen Wahnsinn ja nur für sie, für unsere Kinder, tun? Ehrlich gesagt: Nö! Da haben wir keinen Bock drauf! Ist das Leben? Oder

ÜBERLEBEN? Sobald ich mal einfach nichts tue, wie meine mom das nennt, fällt ihr direkt eine neue Aufgabe für mich ein. Nach dem Motto: „Achso, hast Zeit zum Träumen, zum Nichtstun? Schon Vokabeln gelernt?" Was soll denn der Sch…? Nur weil die sich so'n Leben ohne Pausen erschaffen hat, muss ich das doch nicht genauso wollen. Und ehrlich gesagt glaube ich, dass sie das auch nicht wirklich will.

Du musst! Ach ja?

Hörst du das auch ständig? Du musst…! "Du musst mehr Vokabeln üben." "Du musst dich mal zusammenreißen!" "Du musst mehr mitmachen!" Du musst, du musst, du musst! Warum muss ich alles? Um zu sein, wie ich nicht bin? Um die besten Noten und Ergebnisse zu erzielen?

Wenn wir das Wort „müssen" durch „können" ersetzen,

hört es sich gleich nicht mehr so bedrohlich an, oder? Dann klingt es eher freiwillig. Dann habe ich das Gefühl, dass ich mich entscheiden darf. Dass ich abwägen darf, was mir jetzt wichtig ist. Generell frage ich mich, warum mir nicht vertraut wird. Warum ich nicht meine eigenen Entscheidungen treffen darf. Gut, vielleicht würde ich dann niemals Zähneputzen, zu viele Süßigkeiten essen und vor der Glotze hängen. Also, ok, ein paar Anweisungen schaden einem pubertierenden 12-jährigen nicht. Aber immer mit erhobenem Zeigefinger meine Freiheiten einzuschränken und mich zu belehren, das nervt voll. Da müssen sich die Ollen nicht wundern, wenn ich mich auch bei den kleinsten Anfragen wehre. Wenn ich es aus Frust irgendwann nicht einmal mehr mit der Wahrheit so genau nehme.

Ich war schon ein paar Mal in der Situation, dass ich meine mom angelogen habe. Meistens, wenn ich mal wieder eine schlechtere Note mit nach Hause brachte. Da hab' ich manchmal so lange das Geständnis hinausgezögert, bis es nicht mehr ging. Das Problem: Meine mom ist irgendwie wie eine Hellseherin. Die durchblickt alles. Ich könnte glatt fürs FBI arbeiten. Ich bin wie ein offenes Buch für sie. Hahaha. Ich ein Buch. Gut gelacht. Aber ehrlich, schon die kleinste Lüge scheint mir auf der Stirn zu stehen. Kein Wunder, fängt ja auch mit nem „L" an. Legastheniker – Loser – Lügner. Ganz schön was los auf meiner Stirn.

Meine mom hat mich in letzter Zeit oft ertappt beim Lügen, oder sagen wir lieber Flunkern. Das klingt nicht grad so verbrecherisch. Und eins steht fest. Ist nicht so, dass mir das Lügen leicht fällt. In dem Moment scheint es mir nur das kleinere Übel zu sein. Was muss ich mir bei ner 6 in Französisch sonst auch anhören? *„War ja klar. Hast ja auch nichts dafür gemacht."* Und diese Leier. Also, lieber den Tag nicht noch mehr verderben lassen und so tun, als sei nichts.

Leider hat mich nicht nur meine mom bislang erwischt. Auch manche Lehrerinnen und Lehrer scheinen gute Lügen-Detektor-Fähigkeiten zu besitzen. Hast du schon mal abgeschrieben? Hoffe du bist nicht aufgeflogen!

Ich hab' es zweimal versucht. Beide Male versagt. Scheiß Gefühl, kann ich dir sagen. Und der Rattenschwanz, den es mit sich zieht. Nicht nur, dass du ne 6 bekommst. Deine Eltern dürfen auch noch zum Gespräch antanzen. Beide Male hatte das Abschreiben mit meiner Legasthenie zu tun. In einem Erdkundetest sollte ich Städte im Wortverzeichnis des Atlas nachschlagen, die Städte dann raussuchen und bestimmte Koordinaten aufschreiben. Wenn du aber schon am Wortverzeichnis scheiterst, ist der Rest halt schwer. Waren natürlich auch keine gängigen Städte, wie Berlin oder München. Ne, irgendwelche

Kleinstädte auf dem afrikanischen Kontinent und so.

Nach 10 Minuten Suche, war mein Blatt noch immer unbeschrieben. Mein Banknachbar merkte meine Unsicherheit und bot mir einen Blick auf seinen Test an. Was ich nicht wusste, die gefuchste Frau A. hatte zwei unterschiedliche Tests ausgegeben. So konnte sie im Nachgang genau sehen, dass ich bei meinem Banknachbarn abgeschrieben hatte. Die Koordinaten waren richtig. Gehörten aber zu den Städten, die er nachschlagen musste und nicht zu meinen. Ich kann dir sagen, ich war am Arsch. Meine mom durfte antanzen und sich dem alten Dinosaurier stellen. Da Frau A. meiner mom gleich unsympathisch war, hatte sie am Ende glücklicherweise eher Mitleid mit mir und es gab keinen Anschiss.

Auch mein zweiter Versuch hatte mit meinem Manko in Sachen Rechtschreibung zu tun. Meine Lehrerin hatte erwartet, dass ich Fachtermini (ja, tolles Wort.

Bedeutet Fachbegriffe), auswendig lerne und fehlerfrei schreiben kann. Ich sollte das einfach wie Vokabeln lernen. Genau, also gar nicht…. In Musik mussten wir dann lauter italienische Begriffe für laut und leise, schnell und langsam und so weiter lernen. Meine mom hat sich an mir ein Bein ausgerissen und dennoch konnte ich diese Wörter einfach nicht in meinen Schädel bekommen. Den Tipp meiner mom, die Wörter einfach hundert Mal aufzuschreiben, befolgte ich. So standen die Begriffe letztendlich auf allen möglichen Zetteln, Blöcken, auf meinem Arm und auf meinem Mäppchen. Mit Edding. Ja, richtig gehört: Auf meinem Mäppchen. Musste ja in die Hose gehen. Bin einfach ne Niete im Abschreiben. Hätten die mir nicht so einen Druck gemacht, dass diese scheiß Wörter fehlerfrei sein müssen, wäre es nicht dazu gekommen.

Was soll ich sagen? Ich hab's aufgegeben mit dem Spicken. Ich kann's einfach nicht und das Bloßstellen, wenn du erwischt wirst, lässt mich heute noch zusammenzucken. Dann sollen sie mir lieber ne schlechte Note für meine Fehler geben. So behalte ich wenigstens meine Würde!!!

Dieses ganze „müssen müssen" hat mich so eingeengt, so abgef*ckt, so gestresst, dass Lügen für mich als der einzige Ausweg erschien. *"Hast du Vokabeln geübt?"* Ja, klar! *"Hast du dir die Zähne geputzt?"* (schnell die Zahnbürste nass gemacht) Aber sicher! Und so weiter. Natürlich wurden auch die kleinsten Lügen und Flunkereien entlarvt und irgendwann wurde ich zur Rede gestellt. Ganz schön krass zur Rede gestellt. Wir sind dann zuhause zu dem Kompromiss gekommen, dass wenn ich mal weniger müssen muss, ich es auch nicht mehr so schwer mit der Wahrheit habe. Dieser Deal läuft mittlerweile ganz gut. Und ich sag dir eins: Nicht lügen zu MÜSSEN, fühlt sich tatsächlich besser an.

Typsache

Mein Motto: *Was du heute kannst besorgen, das schieb' ich auch gern mal auf morgen.* Nicht grad sinnvoll. Ich weiß. So ähnlich wie Schokolade nach dem Zähneputzen essen. Nicht gut, aber manchmal eben zu verlockend. Die Leute, die immer alles erledigen, sind bestimmt total zufrieden mit sich selbst. Die klopfen sich täglich auf die Schulter und sagen zu sich selbst: *„Ey Horst, haste mal wieder gut gemacht!"*

Ich muss sagen, ich finde meine Strategie auch nicht schlecht. Zumindest an dem Tag, an dem ich den Kram, auf den ich keinen Bock habe, auf den nächsten verschiebe. Oder den übernächsten oder auf irgendwann. Denn dann hab' ich Zeit die schönen Dinge im Leben zu genießen: Rumhängen, abhängen, chillen und so. Zeit für mich und für das, wonach mir eben ist.

Kannst du mich verstehen? Meine mom leider nicht. Sie gehört zu der Kategorie der Erlediger. Dafür hat sie nie Zeit zum Abhängen, ist immer gestresst und außer Puste. Vom ganzen Erledigen. Also ich finde, unliebsame Dinge auch mal vor sich herzuschieben ist die gesündere Lebensweise. Zumindest so lange es geht. Als Eltern geht das vielleicht nicht mehr. Wäre es so, dann hätte ich bestimmt weder frische Wäsche, noch warmes Essen, keine gepackte Brotdose, zu kleine Schuhe und noch seltener ein aufgeräumtes Zimmer. Also, die Erlediger sind nützlich. Ein Hoch auf sie! Und jetzt erst mal ne Runde chillen....

Der Neuanfang

Leute! Ich hab's getan! Ich hab' das Gymnasium verlassen. Von jetzt auf gleich. Mitten im Halbjahr der 6. Klasse. Mitten in einer Schulwoche vor den Osterferien und nach weiteren nervtötenden Diskussionen mit meinen Eltern, warum ich mir nicht mehr Mühe gebe, wenn ich meiner Lehrerin meine

Audio-Dateien sende oder warum ich die Kunst-Aufgabe mit so wenig Hingabe male, hatten wir Zuhause eine ernsthafte Unterhaltung. Die Frage, die es zu beantworten galt, war: Habe ich eine Chance auf dem Gymnasium? Ja oder Nein? Ich weiß, dass ich es auch auf dem Gymnasium hätte schaffen können. Aber der Druck, das mangelnde Verständnis für meine Situation, ständige Zankereien zuhause. Das war es nicht wert. Und so kamen wir alle zu dem Entschluss, dass wir, wenn wir weiterhin eine Familie bleiben wollen, einen Schulwechsel so schnell wie möglich anstreben sollten. Dass das Ganze dann innerhalb von einer Woche über die Bühne ging, damit habe ich nicht gerechnet. Aber gesagt, getan. Meine mom hatte zufällig herausgefunden, dass auf der neuen Schule unserer Wahl ein Platz in meinem Jahrgang frei wurde. Und da meine mom nicht lange fackelt, rief sie gleich am nächsten Tag dorthin an, schilderte meine Situation und gleich am folgenden Tag durfte ich mich der Orientierungsstufenleiterin (man, was'n Titel) vorstellen. Und da ich Menschen gut für mich gewinnen kann, hat es gleich geklappt und weniger als eine Woche später war ich Schüler der Integrierten Gesamtschule. Schon mal davon gehört? Ich kannte die Schule und die Schulart schon, denn wir haben sie am Tag der offenen Tür besucht. In der Phase, wo wir uns in der Mitte des vierten Schuljahres verschiedene weiterführende Schulen angeschaut haben und ich dennoch keine wirkliche Wahl hatte. Denn meine mom hat die ganze Zeit - und schon lange davor - so sehr von ihrer damaligen Schule – dem Gymnasium - geschwärmt, dass ich mich verpflichtet fühlte, dorthin zu gehen. Mit mangelndem Erfolg, wie wir jetzt wissen. Also, falls du noch die Chance hast: Die weiterführende Schule, bei der du dich bewirbst, muss zu DIR passen und nicht zu deinen Eltern. Hoffe sehr, dass du diese kleine Weisheit eines 12-Jährigen deinen Eltern vermitteln kannst!

Also, die Integrierte Gesamtschule, kurz IGS, ist genau mein Ding. Hier lernt nicht nur die selbsternannte Elite. Nein, hier trifft sich alles. Förder-, Realschüler und Gymnasiasten. Und wir sind nicht in getrennten Klassen. Wir sitzen in Tischgruppen und lernen gemeinsam. Die einen lernen intensiveren Stoff, die anderen etwas leichteren. Die Stärkeren helfen den Schwächeren und manchmal sogar umgekehrt. Das Miteinander steht im Vordergrund und du lernst Lernstrategien, damit du ziemlich selbstständig und eigenverantwortlich lernen kannst. Ich geb's zu. Ich habe hier Aufholbedarf. Nach 1,5 Jahren auf dem Gymi, auf dem Lernstrategien überbewertet werden, denn das wird einfach vorausgesetzt, muss ich nun Gas geben. Ich sitze in einer gemischten Sitzgruppe. Auf der IGS kannst du verschiedene Schulabschlüsse machen. Auch das Abitur. Ich hab' mich sofort gut eingelebt und ich bin echt dankbar für diese Chance.

Meine Motivation und mein Selbstwertgefühl kehren zurück. Ich hab' gleich in den ersten zwei Wochen drei Einsen bekommen. Sogar eine in Französisch. Dass ich nicht lache. Wer hätte das gedacht? Also ich nicht. Es ist eh das allerbeste, dass ich meinen alten Franz-Lehrer nicht mehr sehen muss. Au revoir Arschgesicht!

Erfolg spornt mich an und ich hoffe, dass es so bleibt. Oder zumindest annähernd. Ich habe zumindest das Gefühl, dass meine Stärken hier mehr auffallen und meine Schwächen akzeptiert werden. Es ist ok, wenn du nicht überall stark bist. Jeder hat seine Talente. Und hier wird's öfter gesehen. Ich muss also mein Abi auf noch nicht abschreiben. Auch wenn ich mittlerweile vielleicht Koch werden möchte und dafür keins bräuchte. Aber vielleicht koche ich einfach später auf dem Mars. Wer weiß das schon....

Bekannte Genies – trotz oder wegen Legasthenie?

Nehmen wir Albert Einstein. Ein Genie, das Weltgeschichte schrieb. Natürlich eher im übertragenen Sinne, denn auch er hatte es nicht so mit dem Schreiben. Wie ich und vielleicht du auch, hatte er Legasthenie. Und? Hat es ihn davon abgehalten erfolgreich zu sein? Nein! Er hat sich auf seine Stärken konzentriert, er hat sein Talent entdeckt. Die Physik war seine Welt, sein Forschungsgebiet. Das Universum hat ihn gefesselt. Und von diesem richtig Großen kam er zum winzig Kleinen. Zum Atom. Ein Mini-Ding mit großer Wirkung. Jetzt können wir darüber diskutieren, ob es seine beste Idee war, die Grundlagen für eine Atombombe zu entwickeln. Hat schon ganz schön zum Schrecken und zur Zerstörung beigetragen, diese Erfindung.

Was ich damit sagen will, ist, hätte sich Einstein auf seine Rechtschreibschwäche konzentriert, sich aufs

Versagen eingestellt, wäre aus ihm niemals ein erfolgreicher Wissenschaftler, Nobelpreisträger, Wegbereiter, Idol geworden.

„Zwei Dinge sind unendlich, das Universum und die menschliche Dummheit, aber bei dem Universum bin ich mir noch nicht ganz sicher." Albert Einstein

Wen haben wir noch? Wusstest du, dass Ludwig van Beethoven Legasthenie hatte? Nein? Ein musikalisches Ausnahmetalent, das auch ohne perfekte Rechtschreibung zum Weltstar wurde.

Hier ein paar weltberühmte Persönlichkeiten, die alle eins eint: Sie haben Legasthenie:

Walt Disney - Trickfilmproduzent

Napoleon Bonaparte – französischer Feldherr und Kaiser

Charles Darwin – britischer Naturforscher und Erfinder der Evolutionstheorie

Steven Hawkins – Astrophysiker

Steven Spielberg – amerikanischer Filmregisseur

Agatha Christie – englische Schriftstellerin

Leonardo Da Vinci – italienischer Bildhauer und Maler

Galileo Galilei – italienischer Wissenschaftler

Johann Wolfgang von Goethe – deutscher Dichter

Johannes Gutenberg – Erfinder der Buchdruckkunst

Diese Liste könnte ich noch lange fortsetzen. Was meinst du? Da sind doch einige der berühmtesten Menschen dabei? Und auch einige der berühmtesten Schriftsteller.

Also, nur, weil man Legasthenie hat, kann einem dennoch das Schreiben liegen. Die Phantasie ist hierfür schließlich ausschlaggebend. Und nicht die Rechtschreibung. Schließlich gibt es Lektoren, die deine Texte Korrekturlesen. Zum Glück. Auf der Liste stehen viele, die etwas absolut Bahnbrechendes erfunden oder erforscht oder entdeckt haben. Genies aus den verschiedensten Bereichen. Man könnte fast meinen, dass nur die mega schlauen Menschen auf dieser Welt Legasthenie haben. Das Legasthenie ein Zeichen von einem hohen IQ ist. Also, an dieser Stelle kann ich sagen, dass mein IQ nicht bei über 140 liegt. Aber überdurchschnittlich ist er schon ☺.

Zum Thema IQ hier noch eine kleine Anmerkung: Mein Bruder fragte meine mom, ob er auch mal einen IQ-Test machen könne. Meine mom meinte: *„Na klar. Was meinst du kommt dabei raus?"* Daraufhin mein Bruder: *„Ist mir eigentlich egal, Hauptsache ich habe einen IQ."* Also, das verbindet uns alle auf diesem Planeten auf jeden Fall. Wir alle haben einen IQ. So viel steht fest.

Ich kann mir gut vorstellen, dass für uns 10% der Menschheit Legasthenie – auch wenn sie uns sehr viel

abverlangt – in manchen Bereichen auch förderlich ist.
Ich glaube, dass viele unserer Sinne durch diese
vermeintliche Schwäche so geschärft und ausgeprägt
sind, dass wir tatsächlich geniales Potenzial haben!

Was macht dich aus? Zeig mir deine STÄRKEN!

Kennst du deine Stärken? Schon mal darüber
nachgedacht? Wenn ich dich nach deinen Schwächen
frage, kannst du bestimmt gleich loslegen, oder?
Warum ist das so? Warum sehen wir meist eher das
Problem?

Stell dir mal ein weißes Blatt mit einem schwarzen
Punkt in der Mitte vor. Siehst du es vor dir? Was
genau siehst du? Wo schauen deine Augen hin? Zum
schwarzen Punkt, richtig? Weißt du, der Punkt ist das
Problem und die weiße Fläche außen rum wird einfach
übersehen. Vielleicht ist mein schwarzer Punkt die

Legasthenie. Und natürlich sind auf meiner Seite auch noch ein paar weitere Punkte. Aber eins steht fest: Die weiße Fläche ist so viel größer!

Überleg dir, womit deine weiße Fläche gefüllt ist. Sie ist so viel größer als der schwarze Punkt. Überleg dir, was dich ausmacht? Worin bist du gut? Was macht dir Spaß? Womit wirst du später so erfolgreich sein, dass du auf der Liste der Genies mit Legasthenie stehen wirst? Nimm dir ruhig mal ein bisschen Zeit. Leg das Buch weg, chill ne Runde und denk darüber nach. Ich verspreche dir, es lohnt sich. Und wenn du Bock drauf hast, dann nutz' doch einfach die leere Seite hier am Ende des Kapitels und schreib' deine Stärken auf. Bitte ohne auf die Rechtschreibung zu achten. Konzentriere dich auf dich. Schreib einfach drauf los und füll die weiße Fläche aus. Zeig dir selbst, was in DIR steckt!

Tipp: Wenn du nicht die folgende Seite, sondern ein Blatt deiner Wahl nimmst und dann die Übung machst, kannst du das Blatt danach gut sichtbar in deinem Zimmer aufhängen. Nicht, weil es in Schönschrift geschrieben ist und so wunderbar dekorativ ist. Sondern weil es dir gut tun wird, dir immer wieder deine Stärken bewusst zu machen. So oft wie wir uns selbst gesagt haben, was wir alles nicht können. So oft – oder noch viel öfter – müssen wir uns sagen, was wir alles können. Und wenn es dir selbst schwerfällt, deine Stärken zu benennen, dann frag' die Menschen, die dich gut kennen.

●

Hast du ein Ziel? Oder sogar mehrere?

Hast du die letzte Übung gemacht und erkannt, welche Stärken dich ausmachen? Auch wenn du diese vielleicht nicht notiert hast, hast du hoffentlich wenigstens darüber nachgedacht. Mal überlegt, was dich ausmacht, was du gut kannst, wo deine Talente liegen. Falls du keinen Moment damit verbracht hast, dann hol' das ruhig nach, bevor du die nächste Übung machst. Denn hier geht es um deine Ziele. Und die haben vielleicht etwas mit deinen Stärken zu tun. Wenn sich das weiße Blatt um den schwarzen Punkt bei dir schon gefüllt hat, dann sei jetzt mal einen Moment stolz auf dich. Blätter zurück und genieß den Blick darauf. Schau dir dein Werk an. Vielleicht fallen dir sogar noch mehr Stärken, Talente, Fähigkeiten ein.

Wenn ja, dann schreib sie doch einfach noch dazu. Und dann lehn dich ruhig erst mal zurück, mach dir gute Musik an und feier' dich selbst. Das Buch kannst du danach wieder zur Hand nehmen. Dieser Moment gehört nur dir und er verdient deine ganze Aufmerksamkeit.

Es ist nicht nur wichtig, dass du deine Stärken kennst. Ich glaube, es ist genau so wichtig, dass du ein Ziel oder vielleicht sogar mehr als nur eins hast. Schon mal überlegt, womit du später deine wertvolle Zeit verbringen willst? Das Ziel kann in der nahen oder aber in der etwas weiteren Zukunft liegen. Vielleicht möchtest du unbedingt dieses Schuljahr schaffen und in die nächste Klassenstufe versetzt werden. Oder eine Ausbildung zum Programmierer absolvieren. Vielleicht die Welt bereisen? Politikerin oder Politiker werden und was am System ändern? Oder du wirst Lehrer oder Lehrerin und zeigst, wie man es richtig macht? Möchtest du irgendwann wilde Tiere in Afrika vor grausamer Wilderei schützen? Vielleicht wirst du Astronaut (das ist übrigens mein Berufswunsch –

ziemlich ehrgeizig, oder?), Schriftstellerin (denk daran, hierfür braucht es vor allem Fantasie und nicht ne 1 in Rechtschreibung), berühmte Malerin oder Rockstar? Wofür lohnt es sich, die Schulzeit zu überstehen, den Zank mit deinen Eltern hinzunehmen? Wofür lohnt das frühe Aufstehen? Wofür brennst du? Was hast du erreicht, wenn du sagen kannst: „*Yes, es hat sich gelohnt. Dafür hat es sich gelohnt!*" Was ist dein DAFÜR?

Was es auch ist, denk mal darüber nach. Hier hilft es, wenn du dir vorher deine Stärken verinnerlicht hast. Denn es sind vor allem deine Stärken, die dich an dein Ziel bringen werden! Überlege, male, skizziere, schreibe, recherchiere. Befass dich mal damit. Nimm dir die Zeit für dich und deine Ziele. Vieles, was man aufschreibt (auch wenn du das vielleicht genauso ungern tust wie ich), wird Teil von dir. Das Schreiben hilft dabei, die Dinge zu formulieren. Du wirst es erreichen, wenn du es willst und du auf deine Stärken baust. Vielleicht oder sogar bestimmt ändern sich deine Ziele im Laufe der Zeit. Du erfährst vielleicht von einem Beruf, den du vorher nicht kanntest und bist total fasziniert. Ich wollte früher mal Rennfahrer werden. Hahaha. Weißt du was mich damals dafür begeistert hat? Der Disney-Film cars ☺. Wenn sich Ziele bei den meisten von uns nicht im Laufe des Lebens ändern würden, wäre die Welt bevölkert von Tierärzten und Lehrerinnen/Lehrern. Schrecklicher Gedanke!!!! Auch wenn sich Ziele ändern, dann bleibt ihnen allen eines gemeinsam: Sie motivieren dich! Auch wenn es mal nicht so läuft wie geplant, kannst du dich auf deine Stärken und deine Ziele besinnen und dann wird's schon gleich etwas leichter, etwas erträglicher. Schnapp' dir deine Stifte und leg los. Gerne wieder auf das Blatt, das ich dir extra noch am Kapitelende hinzugefügt habe. Ohne Aufpreis natürlich…. Oder du benutzt wieder ein extra Blatt, das du dann schön neben deine Stärken hängen kannst. Dein Zimmer füllt sich und im Mittelpunkt dieser neuen Deko bist DU!

Wichtig ist, dass deine Ziele erreichbar sind.

Also, wenn du dir vornimmst, nächste Woche ins All zu fliegen, ist das echt ne ehrenwerte Sache, aber doch eher aussichtslos auf Erfolg. Also, nimm dir was vor, was zu erreichen ist. An diesen Punkten hier kannst du dich orientieren:

1. Dein Ziel sollte ein ungefähres Datum kennen. Erst dann wird es zum Ziel. Ansonsten bleibt es eher im Wunsch-Status stecken. Auch hier sollte der Zeitpunkt realistisch sein.

2. Dein Ziel sollte nicht zu groß formuliert werden. Es sind die kleinen Schritte, die dich zum Erfolg bringen.

3. Dein Ziel muss wirklich dein Ziel sein. Also, wenn du sagst: *„Meine Eltern wünschen sich von mir, dass ich weiterhin auf dem Gymnasium*

bleibe", ist das vielleicht nicht dein Ziel. Überleg dir, was du wirklich willst! Es geht um DICH !!!

4. Formuliere bitte so: Ich werde oder ich möchte bis zum Zeitpunkt XY ABC (dein Ziel) erreichen. Niemals mit: Ich wünsche mir, dass XY….

Mein Ziel - Meine Ziele

Was uns hilft und was uns wirklich helfen würde

Ich hoffe so sehr, dass dieses Buch auch von Menschen gelesen wird, die nicht zu den 10% derer gehören, die alles, was ich schreibe, gut nachvollziehen können. Ich wünsche mir, dass es Menschen lesen, die, nachdem sie das Buch ausgelesen zur Seite legen, am eigenen Verhalten etwas ändern. Ich habe vorher erwähnt, dass wir alle so wenige Menschen mit Legasthenie kennen, weil diese nicht auffallen wollen, nicht zu dieser vermeintlichen Schwäche öffentlich stehen. Sie versuchen eher abzutauchen. Fallen eher durch großes Schweigen im Unterricht auf. Gehen freiwillig auf Schulen, für die sie eigentlich überqualifiziert, also zu gut sind. Sprechen nicht offen über das, was ihnen tagtäglich widerfährt. Wenn du dir mal überlegst, wie viele Menschen du insgesamt kennst (wenn auch nur flüchtig) und du teilst diese Zahl durch zehn, dann kommt dabei doch eine beachtliche Summe raus. Demnach kennt jeder von uns mindestens 10, eher mehr Personen, die Legasthenie haben.

Eine wichtige Frage ist die Folgende: Was kann jeder von uns tun, damit Menschen mit Legasthenie die gleichen Chancen haben wie Menschen ohne Legasthenie?

Wir haben theoretisch zwei Möglichkeiten, um dieses Dilemma anzugehen, wobei nur eine wirklich etwas ausrichtet. Wir können uns entweder in „Selbsthilfegruppen" zusammen tun und uns austauschen und täglich diese ganzen Ungerechtigkeiten verurteilen. Das hilft uns bestimmt hier und da weiter. Mir würde es bestimmt mal gut tun, wenn ich mit jemandem quatschen könnte, der ähnliche Erfahrungen wie ich gemacht hat. Ich würde mich vielleicht weniger als Außenseiter – als Legastheniker-Loser - wahrnehmen und ein Gefühl dafür bekommen, wie viel eigentlich 10% sind. Oder aber wir bewirken, dass das Verständnis für und der Umgang mit Menschen mit Legasthenie bei den anderen 90% unter die Lupe genommen wird. Dass sich hier etwas tut. Das ist meiner Meinung nach viel effektiver. Was bedeutet das für uns? Wir dürfen nicht länger schweigen, uns wegducken, so tun, als wäre nichts. Wir müssen mit dem Finger auf jede Art von Ungerechtigkeit zeigen, die uns widerfährt, das Bewusstsein der anderen schärfen und vor allem müssen wir zeigen, dass wir so viel mehr als Menschen mit Legasthenie sind. Die 90% müssen wachgerüttelt werden, wir 10% sind nämlich schon ziemlich wach. Vielleicht müssen wir dann in Zukunft keine lachhaften Nachteilsausgleiche mehr aushandeln oder uns blöde Randbemerkungen gefallen lassen. Vielleicht würden sich dann unsere Chancen in der Schule und im ganzen Leben verbessern. Vielleicht würde man nicht mehr anhand der Rechtschreibung beurteilt und bewertet.

Vielleicht würde der Blick auf die Stärken bei jedem von uns, ob mit oder ohne Legasthenie, zu einem besseren Miteinander, einer besseren Welt führen. Wär' doch was, oder? Also, lasst uns den Mund aufmachen.

Tipps für DICH!

1. Rede über das, was dich bedrückt. Nur so kannst du auf offene Ohren und Verständnis hoffen.

2. Setz' dich für dich ein. So schwer es manchmal fällt und auch wenn du das Gefühl hast, keine Kraft zu haben, spreche Ungerechtigkeiten direkt an.

3. Nutze technische Hilfsmittel, wo du es darfst und kannst. Ob KI (wie ChatGPD), Textkorrektur am PC, Audio-Funktionen (Sprachfunktion) etc. Warum solltest du es dir

nicht leichter machen dürfen? Besprече mit Lehrerinnen und Lehrern und mit deinen Eltern, wo der Einsatz gut und richtig ist.

4. Leih' dieses Buch Menschen aus, die bislang wenig Verständnis für Legasthenie hatten. Bitte sie, es zu lesen und dann mit dir darüber zu sprechen. Gemeinsam findet ihr neue Lösungen.

5. Sei dir deiner Stärken bewusst und setze sie ein. **Stärken stärken** lautet das Motto!

Und noch etwas:

Wusstest du, dass es besser ist, Texte zusätzlich von hinten nach vorne zu verbessern? Wenn du immer wieder in Leserichtung, also von Anfang zum Ende des Textes nach Fehlern suchst, dann konzentriert sich dein Gehirn eher auf den Inhalt und nicht auf die einzelnen Worte. Dann überliest du Fehler viel eher. Wenn du auch von hinten nach vorne korrigierst und dich Wort für Wort durch den Text arbeitest, sind die Chancen größer, dass dir falsch geschriebene Wörter auffallen.

Hier ein Probetext zum Ausprobieren (es haben sich 17 Fehler eingeschlichen):

Dancke, dass du meyn Buch gelehsen hasst. Ich hofe, du makst es und noch fiel mer hofe ich, dass du etwas vühr dich mitnemen kontest. Ich wünche dir, dass du deine Schtärken kenen lärnst und an dich klaubst!

Und der letzte Tipp:

Kennst du schon den **Bundesverband Legasthenie und Dyskalkulie e.V.**? Hier gibt es viele Informationen, Materialien, Tipps und Unterstützung. Du findest alle Infos dazu im Internet.

Tipps für Lehrerinnen und Lehrer

Und hier noch ein paar Infos für Lehrerinnen und Lehrer, die in Zukunft Arbeitsblätter und Klassenarbeiten so gestalten wollen, dass ALLE Schülerinnen und Schüler sie gut lesen und verstehen können: Dieses Buch wurde in Word mit der Schriftart Comic Sans MS, in Schriftgröße 12 und mit Zeilenabstand 1,5 geschrieben. Und? Ziemlich gut lesbar, oder? Sogar für Nicht-Legastheniker ;). Aber nicht nur die Schriftart und Schriftgröße, auch die Formulierung der Aufgaben sind für Menschen mit Legasthenie entscheidend. Es darf auch mal verständlich sein! Texte können gemeinsam gelesen werden oder die Banknachbarn können beim Verstehen helfen. Im Miteinander und im Aufeinanderachten liegt die Kraft! Menschen mit Legasthenie kennen ihre Schwäche. Sie müssen nicht ständig darauf hingewiesen werden!

Brief ans Bildungssystem

Ich habe einen Brief ans Bildungssystem formuliert. Das Problem: So ein einziger Brief wird natürlich nicht ernst genommen. Zumal, wenn er von einem Kind verschickt wird. Aber wenn wir uns zusammentun und viele dieser Briefe eintrudeln, können wir die Ollen und politisch Verantwortlichen vielleicht ein wenig wachrütteln und auf Ihr Versagen hinweisen. Ist nur eine Idee. Vielleicht klappt's. Und wenn nicht, kann man uns nicht vorwerfen, wir seien tatenlos geblieben. *„Wer nichts tut, macht mit"*, lautet nicht nur bei der Polizei das Motto der Stunde. Also, wenn du Bock darauf hast, löse die Seite raus, unterschreibe den Brief in deinem Namen und sende ihn an das zuständige Bildungsministerium in deinem Bundesland. Die Adresse des Ministeriums findest du, wenn du im Internet Bildungsministerium und dann dein Bundesland eingibst.

Liebes Bildungssystem,

ich habe einen Wunsch an dich. Er ist groß und nachhaltig und er wird das Leben von Tausenden von Kindern tagtäglich und ein Leben lang erträglicher, lebensfroher, leichter und erfüllter machen. Mein Wunsch bedeutet eine echte Veränderung.

Hinzu mehr Wertschätzung, zu einem guten Miteinander. Der Spaß am Lernen kehrt zurück und der Wissensdurst wird unaufhaltsam. Wenn mein Wunsch erfüllt wird, dann wird der Fokus in Zukunft auf den Stärken aller Kinder liegen, auf ihren Möglichkeiten und ihrer individuellen Großartigkeit. Und zwar in allen Klassenzimmern und in jeder Schule. Die Kinder werden lernen, an sich und ihre Ziele zu glauben, ihre Talente entdecken und über sich hinauswachsen. Sie werden nach Höherem streben und mutig in die Zukunft blicken. Sie werden erfahren, worin sie richtig gut sind, ihnen wird gezeigt, dass sie wertvoll und einzigartig sind. Sie werden sich nicht mehr über ihre Fehler definieren und nicht über traurige Smileys unter Klassenarbeiten. Sie werden mit und an ihren Fehlern wachsen. Denn diese gehören dazu und nicht bestraft. Dann werden den Kindern schon zu Beginn ihrer Schullaufbahn Lernstrategien beigebracht, die ihnen das lebenslange Lernen erleichtern. Kein Kind hinterfragt mehr den Sinn des Lernens. Denn es macht Spaß. Kein Kind geht mehr mit Bauchweh in die Schule, weil es Angst vorm Versagen oder Bloßstellen hat. Der Lernplan ist der Lebenswirklichkeit angepasst, die Kinder haben eine Lobby und die engagierten Lehrerinnen und Lehrer werden zum Maßstab.

Wenn mein Wunsch in Erfüllung geht, dann bist du, liebes Bildungssystem, ein anderes. Nicht mehr rückwärtsgewandt und altmodisch. Dann befreist du dich aus den starren Fesseln und bildest glückliche

Kinder aus, die unser Land nach vorne bringen und die nicht schon im Grundschulalter an Depressionen leiden. Dann investiert unser Land in den einzig wahren „Rohstoff", den wir haben. Es investiert in eine glückliche Zukunft mit Kindern, die ihr Potenzial kennen. Oh, du lieber Wunsch, wann wirst du Wirklichkeit!

Viele Grüße

Zum Buch:

Dieses Buch basiert auf Geschichten, Erfahrungen und Ereignissen, die genauso geschehen sind. Das gemeinsame Schreiben als Mutter-Sohn-Tandem hatte für uns eine heilende Wirkung. Und das war das vorrangige Ziel des gemeinsamen Projektes. Doch da es nicht so viele Jugendbücher zum Thema Legasthenie gibt, haben wir uns für eine Veröffentlichung entschieden, auch wenn wir bislang keine Erfahrung mit dem Bücherschreiben haben. Das ist dir bestimmt aufgefallen :-).

Wir hoffen dennoch sehr, dass du etwas aus diesem Buch mitnimmst, das dich stärkt und Legasthenie in einem anderen Licht erscheinen lässt. Das ist alles, was wir uns wünschen. Bleib mutig!

Dein Autorenteam